# The Enigmas of the Montmartre Tea Salon and Other Stories: Bilingual French-English Short Stories

Coledown Bilingual Books

Published by Coledown Bilingual Books, 2023.

While every precaution has been taken in the preparation of this book, the publisher assumes no responsibility for errors or omissions, or for damages resulting from the use of the information contained herein.

THE ENIGMAS OF THE MONTMARTRE TEA SALON AND OTHER STORIES: BILINGUAL FRENCH-ENGLISH SHORT STORIES

**First edition. September 19, 2023.**

Copyright © 2023 Coledown Bilingual Books.

ISBN: 979-8223765431

Written by Coledown Bilingual Books.

# Table of Contents

# Les Mystères de la Rue du Bonheur

La rue du Bonheur était une rue bien tranquille, bordée de maisons en pierre aux façades colorées, chacune avec une petite cour verdoyante. Les arbres ombrageaient les trottoirs étroits, et le doux parfum des roses grimpantes flottait dans l'air. C'était un endroit où la vie s'écoulait paisiblement, où les voisins se connaissaient depuis des années et où les petits événements quotidiens semblaient prendre une importance démesurée.

Au numéro 44 de la rue du Bonheur, habitait une femme au nom de Léontine Dupont. Léontine était une femme d'âge moyen, avec des cheveux grisonnants soigneusement coiffés en un chignon élégant. Elle avait toujours vécu dans cette rue, et elle était connue pour son amour des plantes, de la musique classique et des romans policiers. Elle avait un talent particulier pour résoudre des énigmes, même les plus mystérieuses, à l'aide de son esprit vif et de son sens aigu de l'observation.

Ce matin-là, Léontine était assise dans son petit jardin en train de prendre son thé, tout en feuilletant le dernier roman de son auteur préféré, Arthur Sinclair. Elle était absorbée par l'histoire captivante d'un détective intrépide qui résolvait des crimes dans le Londres victorien. Léontine était en train de deviner qui était le coupable lorsque son ami le plus proche, Madame Dubois, vint lui rendre visite.

Madame Dubois était une femme joyeuse, avec des cheveux blancs comme la neige et un rire contagieux. Elle habitait juste en face de Léontine, et les deux femmes partageaient une amitié profonde depuis des années. Elles avaient traversé bien des hauts et des bas ensemble, et leur complicité était inébranlable.

"Bonjour, Léontine ! Comment ça va ce matin ?" s'exclama Madame Dubois en s'installant sur le banc de jardin à côté de Léontine.

Léontine sourit et posa son livre sur ses genoux. "Bonjour, mon amie. Je vais bien, merci. J'étais juste en train de me plonger dans les aventures du détective Sinclair. C'est un véritable génie pour résoudre les énigmes, n'est-ce pas ?"

Madame Dubois hocha la tête. "Oh, oui, j'adore ces livres ! Ils sont si intrigants. D'ailleurs, j'ai entendu dire qu'il y aurait une séance de dédicaces avec Arthur Sinclair lui-même à la librairie ce soir. Vous pensez y aller ?"

Léontine réfléchit un instant. Les dédicaces n'étaient pas vraiment son genre de sortie, mais rencontrer l'auteur de ses romans préférés serait une occasion exceptionnelle. "Eh bien, peut-être devrions-nous y aller, chère amie. Cela pourrait être une aventure en soi."

Les deux amies discutèrent encore un peu, puis se levèrent pour se rendre à la librairie en fin de journée. La soirée s'annonçait prometteuse, pleine de mystère et d'excitation.

La librairie du quartier était un petit trésor caché, rempli d'étagères remplies de livres de toutes sortes. Léontine et Madame Dubois se frayèrent un chemin à travers la foule d'amateurs de livres jusqu'à ce qu'elles atteignent la table où

Arthur Sinclair était en train de signer des exemplaires de son dernier roman.

Arthur Sinclair était un homme d'âge moyen, avec des lunettes rondes et des cheveux en désordre. Il avait l'air un peu distrait, comme s'il était plongé dans un monde de pensées secrètes. Il salua poliment les fans qui s'approchaient de lui et signa leurs livres avec une grâce nonchalante.

Lorsque ce fut enfin le tour de Léontine et de Madame Dubois, Arthur Sinclair les regarda avec un sourire chaleureux. "Bonjour, mesdames. Comment puis-je vous aider aujourd'hui ?"

Léontine prit son courage à deux mains et dit : "Monsieur Sinclair, c'est un honneur de vous rencontrer en personne. J'admire votre travail depuis de nombreuses années. Vos romans ont le don de nous plonger dans des mystères fascinants."

Le visage d'Arthur Sinclair s'illumina. "Je suis enchanté de vous rencontrer, madame. Merci pour vos mots aimables. C'est toujours un plaisir de rencontrer des lecteurs passionnés."

Madame Dubois ajouta : "Nous étions en train de nous demander d'où vous tirez votre inspiration pour vos histoires si captivantes."

Arthur Sinclair sourit de manière énigmatique. "Ah, l'inspiration est un mystère en soi, n'est-ce pas ? Elle peut surgir de n'importe où, du monde qui nous entoure, des gens que nous rencontrons. Parfois, il suffit d'ouvrir les yeux et de regarder ce qui se passe sous la surface."

Les deux amies échangèrent un regard intrigué, puis Léontine demanda : "Avez-vous déjà résolu un véritable mystère, monsieur Sinclair, comme votre détective dans vos romans ?"

Un éclat de curiosité passa dans les yeux d'Arthur Sinclair. "Eh bien, disons que j'ai eu quelques expériences intrigantes dans ma vie. Mais je préfère les laisser dans le domaine de la fiction. Après tout, c'est là que les mystères sont les plus captivants."

La conversation se poursuivit pendant quelques minutes, puis Arthur Sinclair signa les livres des deux amies avec une dédicace personnelle. "Que les mystères de la vie continuent de vous captiver, mesdames," dit-il en leur tendant les livres.

Léontine et Madame Dubois quittèrent la librairie avec une lueur d'excitation dans les yeux. Il y avait quelque chose de mystérieux dans les paroles d'Arthur Sinclair, quelque chose qui éveillait leur curiosité.

Le lendemain matin, Léontine et Madame Dubois se retrouvèrent dans le jardin de Léontine pour discuter de leur soirée à la librairie.

"Ce monsieur Sinclair est vraiment énigmatique," commenta Madame Dubois en sirotant son thé.

Léontine hocha la tête. "Oui, il y a quelque chose de mystérieux en lui, comme s'il avait des secrets bien gardés. J'ai été intriguée par sa réponse sur l'inspiration."

Madame Dubois sourit malicieusement. "Eh bien, ma chère, peut-être qu'il aimerait se plonger dans un vrai mystère pour une fois. Pourquoi ne pas lui en offrir un ?"

Léontine pencha la tête, intéressée. "Qu'avez-vous en tête, ma chère ?"

Madame Dubois baissa la voix, comme si elle allait révéler un grand secret. "Eh bien, j'ai entendu dire qu'il y a eu récemment des événements étranges dans notre rue. Des choses disparaissent, des bruits mystérieux se font entendre la nuit. Peut-être qu'Arthur Sinclair serait intéressé par une enquête sur les mystères de la rue du Bonheur."

Léontine réfléchit un instant, puis un sourire se dessina sur son visage. "C'est une idée fascinante, ma chère. Et si nous commencions par enquêter nous-mêmes sur ces étranges événements ? Si nous trouvons quelque chose de vraiment mystérieux, nous pourrions le partager avec monsieur Sinclair."

Madame Dubois approuva. "C'est un plan ! Commençons dès aujourd'hui. Qui sait ce que nous pourrions découvrir dans les recoins secrets de notre rue bien-aimée."

Léontine et Madame Dubois commencèrent leur enquête sur les mystères de la rue du Bonheur. Elles passèrent des heures à parler aux voisins, à recueillir des témoignages sur les événements étranges qui s'étaient produits récemment. Certaines personnes avaient vu des ombres se déplacer la nuit, tandis que d'autres avaient entendu des bruits de pas dans les rues désertes. Une femme avait même affirmé avoir vu une lueur étrange dans la cour abandonnée derrière la vieille maison voisine.

Les deux amies collectèrent tous ces indices avec enthousiasme, notant chaque détail dans un petit carnet. Elles s'efforcèrent de résoudre le mystère avec la même passion que les détectives de la fiction d'Arthur Sinclair. Chaque indice semblait les rapprocher un peu plus de la vérité, mais il y avait encore beaucoup de questions sans réponses.

Un après-midi, alors qu'elles examinaient la cour abandonnée derrière la vieille maison, Léontine fit une découverte intrigante. Elle trouva une clé enroulée dans un morceau de tissu caché sous des feuilles mortes.

"Regardez, Madame Dubois," s'exclama-t-elle en montrant la clé. "Cela pourrait être un élément important de notre mystère."

Madame Dubois observa la clé avec intérêt. "Elle semble vieille, n'est-ce pas ? Je me demande à quoi elle pourrait servir."

Léontine réfléchit un moment. "Nous devrions peut-être rendre visite à notre voisin, Monsieur Dupré. Il habite dans cette vieille maison depuis des décennies. Il pourrait avoir des informations sur cette clé."

Les deux amies se dirigèrent vers la maison de Monsieur Dupré et frappèrent à sa porte en bois craquelé. Le vieil homme les accueillit chaleureusement et leur offrit du thé dans son salon rempli d'objets anciens.

"Bonjour, Monsieur Dupré," commença Léontine. "Nous enquêtons sur les mystères qui entourent notre rue, et nous avons trouvé cette clé dans la cour abandonnée derrière votre maison. Savez-vous à quoi elle pourrait correspondre ?"

Monsieur Dupré prit la clé dans ses mains ridées et la regarda attentivement. "Ah, cette clé," dit-il d'une voix rêveuse. "Elle ouvre la porte de la vieille remise au fond de la cour. Elle est restée fermée pendant des années, et personne ne sait ce qu'il y a à l'intérieur."

Les yeux de Léontine s'illuminèrent. "Pourriez-vous nous montrer la remise, Monsieur Dupré ? Nous aimerions y jeter un coup d'œil."

Monsieur Dupré accepta volontiers, et les trois se dirigèrent vers la cour arrière. Léontine inséra la clé dans la serrure rouillée de la remise et tourna doucement. La porte grinça en s'ouvrant, révélant un endroit obscur et mystérieux.

À l'intérieur de la remise, Léontine, Madame Dubois et Monsieur Dupré découvrirent un trésor de souvenirs oubliés. Des piles de vieux livres, des photographies jaunies, des instruments de musique poussiéreux, et des boîtes remplies de lettres datant de plusieurs décennies remplissaient l'espace.

"Mon Dieu, c'est incroyable," murmura Madame Dubois en parcourant les lettres. "Ces correspondances sont un véritable trésor historique."

Monsieur Dupré sourit avec nostalgie. "C'est le passé de notre rue qui dort ici depuis si longtemps. Je n'avais jamais pensé à ouvrir cette remise, mais je suis heureux que vous l'ayez fait."

Léontine remarqua un vieux piano recouvert d'un drap et demanda à Monsieur Dupré s'il savait qui avait joué de cet instrument.

Monsieur Dupré réfléchit un instant. "Oh, ce piano appartenait à la famille Roy, qui vivait ici il y a des années. Ils avaient une fille, Charlotte, qui était une pianiste talentueuse. Mais elle a mystérieusement disparu un jour, et la famille a quitté la rue du Bonheur peu de temps après."

Léontine et Madame Dubois échangèrent un regard. La découverte de la remise et des souvenirs cachés de la famille Roy semblait liée aux mystères qui avaient secoué la rue récemment.

Déterminées à résoudre le mystère de la disparition de Charlotte Roy et des étranges événements qui avaient secoué la rue du Bonheur, Léontine et Madame Dubois commencèrent à fouiller les lettres et les documents trouvés dans la remise. Ils découvrirent que Charlotte était une pianiste prodige qui avait étudié la musique à l'étranger. Elle avait correspondu avec des compositeurs renommés et avait même reçu des lettres d'amour d'un mystérieux admirateur.

Parmi les lettres se trouvait un journal intime appartenant à Charlotte. Léontine le lut avec attention, découvrant que la jeune femme avait caché ses lettres d'amour dans un endroit secret de la maison, un endroit qu'elle avait appelé "Le Cachette du Cœur".

Intriguées, Léontine et Madame Dubois se mirent à la recherche de cette cachette. Après des heures de fouilles minutieuses, elles trouvèrent enfin un compartiment secret derrière un tableau dans la chambre de Charlotte. À l'intérieur se trouvaient les lettres d'amour ainsi qu'un médaillon en forme de cœur.

Le médaillon portait une inscription gravée : "À Charlotte, ma muse éternelle, de ton admirateur secret."

Léontine et Madame Dubois étaient fascinées par cette découverte. Elles savaient qu'elles tenaient un élément crucial du mystère entre leurs mains.

Les deux amies décidèrent de poursuivre leur enquête sur l'admirateur secret de Charlotte. Elles étudièrent les lettres avec soin, essayant de décrypter les indices cachés qui pourraient les mener à sa véritable identité.

Certaines des lettres mentionnaient des rencontres secrètes dans le jardin de roses de la rue du Bonheur. Léontine et Madame Dubois se dirigèrent vers le jardin, espérant trouver des indices supplémentaires. Là, elles découvrirent une pierre tombale cachée sous une épaisse végétation.

La pierre tombale portait l'inscription : "À notre bien-aimée Charlotte, la muse éternelle."

Léontine et Madame Dubois savaient qu'ils touchaient au cœur du mystère. Ils commencèrent à fouiller le sol autour de la pierre tombale et découvrirent un petit coffret en bois enterré sous terre. À l'intérieur, ils trouvèrent des lettres d'amour supplémentaires, ainsi qu'une bague en argent avec une pierre précieuse scintillante.

La bague portait une inscription : "À Charlotte, pour toujours."

Madame Dubois se tourna vers Léontine avec un éclat d'excitation dans les yeux. "Nous devons découvrir qui était cet admirateur secret. Cette bague pourrait être la clé pour résoudre le mystère de la disparition de Charlotte."

Léontine et Madame Dubois continuèrent leur enquête avec une détermination renouvelée. Ils rassemblèrent toutes les lettres, les indices et les témoignages qu'ils avaient recueillis et les présentèrent à la police locale, demandant une enquête sur la disparition de Charlotte Roy.

La police examina les preuves avec soin et interrogea les anciens voisins de la famille Roy. Finalement, ils découvrirent que l'admirateur secret de Charlotte était en réalité un homme du nom de Jacques Leclerc, un compositeur de musique talentueux qui avait vécu dans la rue du Bonheur à l'époque.

Jacques Leclerc avait été éperdument amoureux de Charlotte, mais elle avait choisi de poursuivre sa carrière musicale à l'étranger, ce qui avait brisé le cœur du compositeur. Incapable d'accepter son départ, il avait mystérieusement disparu, emportant avec lui le secret de sa propre existence.

La découverte de la vérité sur l'admirateur secret de Charlotte Roy apporta une certaine clarté aux mystères qui avaient secoué la rue du Bonheur. Les événements étranges étaient le résultat de la quête de Jacques Leclerc pour être près de la femme qu'il aimait, même après sa mort.

Léontine, Madame Dubois et les autres habitants de la rue du Bonheur se réunirent pour honorer la mémoire de Charlotte Roy et de Jacques Leclerc. Ils organisèrent un concert en plein air dans le jardin de roses, mettant en lumière la musique et la passion qui avaient lié ces deux âmes tourmentées.

La rue du Bonheur, autrefois emplie de mystères et de secrets, devint un lieu de partage et de réconciliation. Les habitants apprirent à mieux se connaître, à partager leurs propres histoires et à créer des liens plus forts.

Arthur Sinclair lui-même assista au concert et fut profondément touché par l'histoire d'amour tragique qui avait animé la rue. Il déclara que cette histoire réelle de passion et de mystère surpassait même la fiction.

Léontine et Madame Dubois avaient réussi à résoudre le mystère qui avait secoué leur rue bien-aimée. Ils avaient découvert que parfois, les mystères les plus captivants étaient cachés juste sous leur nez, dans les vies des gens qui les entouraient.

La rue du Bonheur était désormais un endroit encore plus spécial, où l'amitié, la musique et l'amour étaient célébrés chaque jour. Et bien sûr, les mystères n'étaient jamais bien loin, attendant d'être découverts par des esprits curieux et aventureux comme Léontine et Madame Dubois.

# The Mysteries of Happiness Street

Happiness Street was a quiet street lined with colorful stone houses, each with a small green courtyard. Trees shaded the narrow sidewalks, and the sweet scent of climbing roses filled the air. It was a place where life flowed peacefully, where neighbors had known each other for years, and where everyday events seemed to take on disproportionate importance.

At number 44 Happiness Street lived a woman named Léontine Dupont. Léontine was a middle-aged woman with graying hair neatly coiled into an elegant bun. She had always lived on this street, and she was known for her love of plants, classical music, and detective novels. She had a special talent for solving mysteries, even the most perplexing ones, using her keen mind and sharp powers of observation.

On that morning, Léontine sat in her small garden sipping tea while flipping through the latest novel by her favorite author, Arthur Sinclair. She was engrossed in the captivating story of a fearless detective solving crimes in Victorian London. Léontine was trying to guess the culprit when her closest friend, Madame Dubois, came to visit.

Madame Dubois was a cheerful woman with hair as white as snow and an infectious laugh. She lived right across from Léontine, and the two women shared a deep friendship for years. They had gone through many ups and downs together, and their bond was unshakable.

"Good morning, Léontine! How are you this morning?" exclaimed Madame Dubois as she settled on the garden bench beside Léontine.

Léontine smiled and placed her book on her lap. "Good morning, my friend. I'm well, thank you. I was just immersing myself in the adventures of Detective Sinclair. He's a true genius at solving mysteries, isn't he?"

Madame Dubois nodded. "Oh, yes, I love those books! They're so intriguing. By the way, I heard there's going to be a book signing with Arthur Sinclair himself at the bookstore tonight. Are you thinking of going?"

Léontine pondered for a moment. Book signings weren't really her type of outing, but meeting the author of her favorite novels would be an exceptional opportunity. "Well, perhaps we should go, dear friend. It could be an adventure in itself."

The two friends chatted a bit more, then got up to head to the bookstore later that evening. The night promised to be exciting, full of mystery and anticipation.

The neighborhood bookstore was a hidden gem, filled with shelves of books of all kinds. Léontine and Madame Dubois made their way through the crowd of book enthusiasts until they reached the table where Arthur Sinclair was signing copies of his latest novel.

Arthur Sinclair was a middle-aged man with round glasses and unruly hair. He seemed a bit absent-minded, as if lost in a world of secret thoughts. He greeted the fans who approached him with a warm smile and signed their books with effortless grace.

When it was finally Léontine and Madame Dubois's turn, Arthur Sinclair looked at them with a welcoming smile. "Good day, ladies. How may I assist you today?"

Léontine gathered her courage and said, "Mr. Sinclair, it's an honor to meet you in person. I've admired your work for many years. Your novels have a gift for immersing us in fascinating mysteries."

Arthur Sinclair's face lit up. "I'm delighted to meet you, madam. Thank you for your kind words. It's always a pleasure to meet passionate readers."

Madame Dubois added, "We were wondering where you draw your inspiration for your captivating stories."

Arthur Sinclair smiled enigmatically. "Ah, inspiration is a mystery in itself, isn't it? It can come from anywhere, from the world around us, from the people we meet. Sometimes, all it takes is to open our eyes and see what lies beneath the surface."

The two friends exchanged intrigued glances, and then Léontine asked, "Have you ever solved a real mystery, Mr. Sinclair, like your detective in your novels?"

A glint of curiosity passed through Arthur Sinclair's eyes. "Well, let's say I've had some intriguing experiences in my life. But I prefer to leave them in the realm of fiction. After all, that's where mysteries are most captivating."

The conversation continued for a few more minutes, and then Arthur Sinclair signed the books of the two friends with a personal dedication. "May the mysteries of life continue to captivate you, ladies," he said, handing them the books.

Léontine and Madame Dubois left the bookstore with a spark of excitement in their eyes. There was something mysterious in Arthur Sinclair's words, something that piqued their curiosity.

The next morning, Léontine and Madame Dubois gathered in Léontine's garden to discuss their evening at the bookstore.

"That Mr. Sinclair is truly enigmatic," commented Madame Dubois while sipping her tea.

Léontine nodded. "Yes, there's something mysterious about him, as if he holds hidden secrets. I was intrigued by his response about inspiration."

Madame Dubois grinned mischievously. "Well, my dear, perhaps he would like to delve into a real mystery for once. Why don't we offer him one?"

Léontine tilted her head, interested. "What do you have in mind, my dear?"

Madame Dubois lowered her voice as if about to reveal a great secret. "Well, I've heard that there have been strange occurrences in our street recently. Things disappearing, mysterious sounds at night. Perhaps Arthur Sinclair would be interested in an investigation into the mysteries of Happiness Street."

Léontine pondered for a moment, then a smile spread across her face. "That's a fascinating idea, my dear. And what if we start by investigating these strange events ourselves? If we find something truly mysterious, we could share it with Mr. Sinclair."

Madame Dubois agreed. "That's a plan! Let's begin today. Who knows what we might discover in the hidden corners of our beloved street."

Léontine and Madame Dubois started their investigation into the mysteries of Happiness Street with renewed determination. They spent hours talking to neighbors, gathering testimonies about the strange events that had occurred recently. Some people had seen shadows moving at night, while others had heard footsteps on the deserted streets. One woman even claimed to have seen a strange glow in the abandoned courtyard behind the old neighboring house.

The two friends collected all these clues with enthusiasm, noting every detail in a small notebook. They strived to solve the mystery with the same passion as the detectives in Arthur Sinclair's fiction. Each clue seemed to bring them a bit closer to the truth, but there were still many unanswered questions.

One afternoon, as they were examining the abandoned courtyard behind the old house, Léontine made an intriguing discovery. She found a key wrapped in a piece of fabric hidden under fallen leaves.

"Look, Madame Dubois," she exclaimed, showing her the key. "This could be an important element of our mystery."

Madame Dubois observed the key with interest. "It looks old, doesn't it? I wonder what it could be for."

Léontine thought for a moment. "Perhaps we should pay a visit to our neighbor, Mr. Dupré. He has been living in that old house for decades. He might have some information about this key."

The two friends headed to Mr. Dupré's house and knocked on his weathered wooden door. The elderly man welcomed them warmly and offered them tea in his living room filled with antique items.

"Hello, Mr. Dupré," began Léontine. "We are investigating the mysteries surrounding our street, and we found this key in the abandoned courtyard behind your house. Do you have any idea what it might correspond to?"

Mr. Dupré took the key in his wrinkled hands and examined it closely. "Ah, this key," he said with a dreamy voice. "It opens the door to the old shed at the back of the courtyard. It has remained locked for years, and no one knows what's inside."

Léontine and Madame Dubois exchanged excited looks. The discovery of the shed and its hidden memories from the past seemed connected to the recent mysteries that had shaken the street.

Inside the shed, Léontine, Madame Dubois, and Mr. Dupré discovered a treasure trove of forgotten memories. Stacks of old books, yellowed photographs, dusty musical instruments, and boxes filled with decades-old letters filled the space.

"My goodness, this is incredible," whispered Madame Dubois as she sifted through the letters. "These correspondences are a true historical treasure."

Mr. Dupré smiled with nostalgia. "It's the past of our street lying here dormant for so long. I never thought to open this shed, but I'm glad you did."

Léontine noticed an old piano covered with a sheet and asked Mr. Dupré if he knew who had played that instrument.

Mr. Dupré pondered for a moment. "Oh, that piano belonged to the Roy family, who lived here years ago. They had a daughter, Charlotte, who was a talented pianist. But she mysteriously disappeared one day, and the family left Happiness Street not long after."

Léontine and Madame Dubois exchanged a glance. The discovery of the shed and the hidden memories of the Roy family seemed connected to the mysteries that had recently shaken the street.

The two friends decided to continue their investigation into Charlotte's mysterious disappearance and the strange events that had shaken Happiness Street. They studied the letters and documents carefully, trying to decipher hidden clues that could lead them to the true identity of Charlotte's secret admirer.

Some of the letters mentioned secret meetings in the rose garden of Happiness Street. Léontine and Madame Dubois headed to the garden, hoping to find additional clues. There, they discovered a hidden tombstone buried under thick vegetation.

The tombstone bore the inscription: "To our beloved Charlotte, the eternal muse."

Léontine and Madame Dubois knew they were getting closer to the heart of the mystery. They began searching the ground around the tombstone and unearthed a small wooden box buried underground. Inside, they found more love letters and a heart-shaped locket.

The locket had an engraved inscription: "To Charlotte, my eternal muse, from your secret admirer."

Madame Dubois turned to Léontine with a sparkle of excitement in her eyes. "We must find out who this secret admirer was. This locket could be the key to unraveling the mystery of Charlotte's disappearance."

The two friends decided to continue their investigation into Charlotte's mysterious disappearance and the strange events that had shaken Happiness Street. They studied the letters and documents carefully, trying to decipher hidden clues that could lead them to the true identity of Charlotte's secret admirer.

Some of the letters mentioned secret meetings in the rose garden of Happiness Street. Léontine and Madame Dubois headed to the garden, hoping to find additional clues. There, they discovered a hidden tombstone buried under thick vegetation.

The tombstone bore the inscription: "To our beloved Charlotte, the eternal muse."

Léontine and Madame Dubois knew they were getting closer to the heart of the mystery. They began searching the ground around the tombstone and unearthed a small wooden box buried underground. Inside, they found more love letters and a heart-shaped locket.

The locket had an engraved inscription: "To Charlotte, my eternal muse, from your secret admirer."

Madame Dubois turned to Léontine with a sparkle of excitement in her eyes. "We must find out who this secret admirer was. This locket could be the key to unraveling the mystery of Charlotte's disappearance."

Léontine and Madame Dubois continued their investigation with renewed determination. They collected all the letters, clues, and testimonies they had gathered and presented them to the local police, requesting an inquiry into Charlotte Roy's disappearance.

The police carefully examined the evidence and interviewed former neighbors of the Roy family. Eventually, they discovered that Charlotte's secret admirer was, in fact, a man named Jacques Leclerc, a talented music composer who had lived on Happiness Street at the time.

Jacques Leclerc had been deeply in love with Charlotte, but she had chosen to pursue her musical career abroad, which had broken the composer's heart. Unable to accept her departure, he had mysteriously disappeared, taking with him the secret of his own existence.

The revelation of the truth about Charlotte Roy's secret admirer brought some clarity to the mysteries that had shaken Happiness

Street. The strange events were the result of Jacques Leclerc's quest to be near the woman he loved, even after her death.

Léontine, Madame Dubois, and the other residents of Happiness Street gathered to honor the memory of Charlotte Roy and Jacques Leclerc. They organized an outdoor concert in the rose garden, highlighting the music and passion that had bound these two tormented souls.

Happiness Street, once filled with mysteries and secrets, became a place of sharing and reconciliation. The residents got to know each other better, shared their own stories, and built stronger bonds.

Arthur Sinclair himself attended the concert and was deeply moved by the tragic love story that had animated the street. He declared that this real-life tale of passion and mystery surpassed even fiction.

Léontine and Madame Dubois had succeeded in solving the mystery that had shaken their beloved street. They had discovered that sometimes, the most captivating mysteries were hidden right under their noses, in the lives of the people around them.

Happiness Street was now an even more special place, where friendship, music, and love were celebrated every day. And, of course, mysteries were never far away, waiting to be discovered by curious and adventurous minds like Léontine and Madame Dubois.

# Les Énigmes du Jardin Secret

Le soleil brillait sur la petite ville de Saint-Cyr-sur-Mer, baignant les rues pavées de lumière dorée. Le parfum des roses sauvages emplissait l'air, tandis que les habitants vaquaient à leurs activités quotidiennes avec la sérénité caractéristique de cette communauté côtière du sud de la France. Mais au cœur de la ville, derrière une haute porte en fer forgé, se cachait un trésor secret - le Jardin du Mystère.

Le Jardin du Mystère était un petit coin de paradis dissimulé derrière les murs d'une vieille maison provençale. Il était le refuge du professeur Marcel Leclerc, un homme à la retraite au regard vif et à l'esprit toujours alerte. Le jardin était son domaine, son sanctuaire de sérénité et de tranquillité, mais il était aussi le théâtre de mystères fascinants qui captivaient les habitants de la ville.

Un après-midi ensoleillé, le professeur Leclerc se promenait dans son jardin, examinant attentivement chaque buisson et chaque parterre de fleurs. Il était accompagné de son fidèle ami, Antoine, un retraité jovial qui partageait son amour pour les énigmes.

"Marcel," dit Antoine en ajustant son chapeau de paille, "ce jardin est vraiment un endroit magique. On dirait qu'il y a toujours quelque chose d'intrigant qui se passe ici."

Le professeur Leclerc hocha la tête avec un sourire mystérieux. "Tu as raison, mon ami. Le Jardin du Mystère ne déçoit jamais. Regarde ça."

Il se pencha pour ramasser une feuille de papier froissée sous un buisson de lavande. C'était une énigme écrite à la main, avec une énigmatique invitation : "Trouvez le trésor du Jardin."

Antoine leva un sourcil. "Un trésor dans ton jardin, Marcel ? C'est incroyable !"

Le professeur Leclerc savait que ce ne serait pas facile, mais il aimait les défis. "Nous allons découvrir ce que cache ce jardin, mon ami. Suivons les indices."

Ils passèrent des heures à suivre les indices laissés dans le jardin, résolvant des énigmes complexes, déplaçant des pierres et déchiffrant des messages cachés. Leurs efforts les conduisirent finalement à un vieux coffre en bois enterré sous un rosier.

Le professeur Leclerc ouvrit le coffre avec précaution. À l'intérieur, ils découvrirent un ensemble de vieux journaux, des cartes postales jaunies et un carnet rempli de croquis botaniques. C'était le trésor du Jardin, une collection de souvenirs précieux d'un jardinier qui avait vécu là autrefois.

En feuilletant les journaux et en lisant les cartes postales, le professeur Leclerc et Antoine découvrirent l'histoire du jardinier mystérieux. Il s'appelait Jacques Laurent, un homme passionné par la botanique et l'art du jardinage. Il avait consacré sa vie à créer le Jardin du Mystère, plantant des espèces rares et exotiques, et résolvant des énigmes botaniques qui avaient intrigué le monde entier.

Le professeur Leclerc était fasciné par l'histoire de Jacques Laurent. Il se tourna vers Antoine avec un sourire. "C'est un trésor bien plus précieux que l'or, mon ami. Le trésor de l'histoire et de la passion d'un jardinier dévoué."

Ils décidèrent de préserver le trésor du Jardin, partageant son histoire avec la communauté de Saint-Cyr-sur-Mer. Le Jardin du Mystère devint un lieu de célébration de la botanique et de l'amour pour la nature, où les habitants se réunissaient pour résoudre des énigmes botaniques, découvrir de nouvelles espèces de fleurs et rendre hommage à Jacques Laurent.

Au fil des ans, le jardin continua à révéler ses mystères, défiant les visiteurs à percer ses secrets. Le professeur Leclerc et Antoine devinrent les gardiens du Jardin, veillant à ce qu'il reste un lieu d'inspiration et d'émerveillement pour les générations futures.

Le Jardin du Mystère continuait d'émerveiller et d'intriguer les habitants de Saint-Cyr-sur-Mer, perpétuant l'héritage du jardinier passionné Jacques Laurent. C'était un lieu où les énigmes botaniques et les mystères de la nature se mêlaient pour créer une expérience unique. Le professeur Leclerc et Antoine continuaient à arpenter les allées du jardin, prêts à résoudre les prochains mystères que le jardin avait à offrir.

Et ainsi, au cœur de cette petite ville ensoleillée, le Jardin du Mystère restait un trésor secret, un lieu de découverte et d'émerveillement, où la beauté de la nature se mêlait à l'excitation de la résolution d'énigmes. C'était un rappel que même dans les endroits les plus ordinaires, il y avait toujours des mystères à découvrir et des trésors à dévoiler, pour ceux qui avaient les yeux ouverts et l'esprit curieux.

# The Mysteries of the Secret Garden

The sun shone down on the small town of Saint-Cyr-sur-Mer, bathing the cobbled streets in golden light. The scent of wild roses filled the air as the townsfolk went about their daily routines with the characteristic serenity of this coastal community in the south of France. But at the heart of the town, behind a tall wrought-iron gate, lay a hidden treasure - the Garden of Mystery.

The Garden of Mystery was a small slice of paradise concealed behind the walls of an old Provençal house. It belonged to Professor Marcel Leclerc, a retired man with sharp eyes and a perpetually alert mind. The garden was his domain, his sanctuary of serenity and tranquility, but it was also the stage for fascinating mysteries that captivated the townspeople.

One sunny afternoon, Professor Leclerc strolled through his garden, carefully examining every shrub and flowerbed. He was accompanied by his faithful friend, Antoine, a jovial retiree who shared his love for mysteries.

"Marcel," Antoine said, adjusting his straw hat, "this garden truly is a magical place. It seems there's always something intriguing happening here."

Professor Leclerc nodded with a mysterious smile. "You're right, my friend. The Garden of Mystery never disappoints. Look at this."

He bent down to pick up a crumpled piece of paper beneath a lavender bush. It was a handwritten riddle, with an enigmatic invitation: "Find the treasure of the Garden."

Antoine raised an eyebrow. "A treasure in your garden, Marcel? That's incredible!"

Professor Leclerc knew it wouldn't be easy, but he relished challenges. "We'll uncover what this garden hides, my friend. Let's follow the clues."

They spent hours following the clues left in the garden, solving intricate riddles, moving stones, and deciphering hidden messages. Their efforts eventually led them to an old wooden chest buried beneath a rosebush.

Professor Leclerc opened the chest carefully. Inside, they found a set of old newspapers, yellowed postcards, and a notebook filled with botanical sketches. It was the treasure of the Garden, a collection of precious memories from a gardener who had once lived there.

As they flipped through the newspapers and read the postcards, Professor Leclerc and Antoine discovered the story of the mysterious gardener. His name was Jacques Laurent, a man passionate about botany and the art of gardening. He had devoted his life to creating the Garden of Mystery, planting rare and exotic species and solving botanical mysteries that had intrigued the world.

Professor Leclerc was fascinated by Jacques Laurent's story. He turned to Antoine with a smile. "This is a treasure far more precious than gold, my friend. It's the treasure of history and the passion of a devoted gardener."

They decided to preserve the treasure of the Garden, sharing its story with the community of Saint-Cyr-sur-Mer. The Garden of Mystery became a place of botanical celebration and a love for nature, where townsfolk gathered to solve botanical mysteries, discover new flower species, and pay tribute to Jacques Laurent.

Over the years, the garden continued to reveal its mysteries, challenging visitors to uncover its secrets. Professor Leclerc and Antoine became the guardians of the Garden, ensuring it remained a place of inspiration and wonder for generations to come.

The Garden of Mystery continued to delight and intrigue the people of Saint-Cyr-sur-Mer, perpetuating the legacy of the passionate gardener Jacques Laurent. It was a place where botanical puzzles and the mysteries of nature blended to create a unique experience. Professor Leclerc and Antoine continued to stroll through the garden's paths, ready to solve the next mysteries the garden had to offer.

And thus, at the heart of this sunny little town, the Garden of Mystery remained a secret treasure, a place of discovery and wonder, where the beauty of nature intertwined with the excitement of solving puzzles. It served as a reminder that even in the most ordinary places, there were always mysteries to uncover and treasures to reveal, for those with open eyes and curious minds.

# Les Détours de la Vie à Montpellier

Montpellier était une ville où le temps semblait ralentir, un lieu où les ruelles pavées invitaient à la flânerie et où chaque coin de rue révélait une nouvelle histoire. C'était là que résidait le professeur Henri Moreau, un homme au visage bienveillant et à la barbe blanche, dont les yeux pétillaient d'une lueur d'intelligence et de curiosité. Le professeur Moreau était un érudit respecté dans le monde académique, mais il était aussi un amateur passionné de détours.

Le professeur avait un rituel bien ancré dans sa vie. Chaque matin, il quittait sa maison du centre-ville et se dirigeait vers son petit café préféré, "Le Coin des Histoires". C'était un endroit où les habitants de Montpellier venaient partager des anecdotes de leur vie quotidienne, où l'on échangeait des histoires comme on offre une tasse de café. Et c'était précisément ces histoires qui attiraient le professeur.

Ce matin-là, alors qu'il sirotait son café corsé, le professeur Moreau écouta une histoire fascinante racontée par un vieux pêcheur du nom de Marcel. Marcel avait passé sa vie à pêcher sur la côte méditerranéenne et avait une collection d'histoires de mer à faire pâlir d'envie tout écrivain en quête d'inspiration.

"Vous savez, professeur," commença Marcel d'une voix rauque, "il y a un endroit au large des côtes de Montpellier où les dauphins dansent avec les étoiles. C'est une légende parmi les pêcheurs, une histoire qui a été transmise de génération en génération."

Le professeur Moreau posa sa tasse avec précaution et se pencha en avant, captivé par le récit de Marcel. "Dites-moi en plus, Marcel. Comment se fait-il que les dauphins dansent avec les étoiles?"

Marcel sourit, révélant une rangée de dents usées par le sel de la mer. "Eh bien, professeur, il paraît que cela se produit seulement les nuits de pleine lune, quand la mer est calme comme un miroir. Les dauphins nagent vers la surface et semblent jouer avec les étoiles, comme s'ils dansaient dans le ciel nocturne."

Le professeur Moreau était intrigué par cette histoire. Il se leva et paya sa tasse de café. "Merci pour cette merveilleuse histoire, Marcel. Je vais enquêter sur cette légende des dauphins qui dansent avec les étoiles."

Marcel hocha la tête avec un sourire. "Faites attention en mer, professeur, et n'oubliez pas de danser avec les étoiles."

Le professeur Moreau quitta le café avec une nouvelle mission en tête. Il avait l'habitude de parcourir le monde à la recherche de manuscrits anciens et de découvertes archéologiques, mais cette fois, il se lançait dans une quête différente, une quête de poésie et de mystère.

Il passa des semaines à collecter des récits de pêcheurs et à étudier les cartes marines anciennes. Il découvrit que l'endroit où les dauphins dansaient avec les étoiles était connu sous le nom de "Baie des Étoiles" et que sa localisation était entourée de légendes marines.

Un matin, alors que le soleil se levait sur la mer Méditerranée, le professeur Moreau embarqua sur un vieux bateau de pêche avec Marcel comme guide. Ils naviguèrent vers la Baie des Étoiles, un lieu éloigné de la côte où la mer était d'un bleu profond et calme. Les étoiles scintillaient encore faiblement dans le ciel matinal.

La baie vivait jusqu'à sa réputation. Au moment où la pleine lune se leva, les dauphins commencèrent à surgir de l'eau, leur peau luisant sous la lumière argentée. Ils sautèrent et tournèrent, semblant jouer avec les étoiles qui se reflétaient dans la mer.

Le professeur Moreau était émerveillé par le spectacle. C'était une danse magique entre les créatures de la mer et les lumières célestes. Il sortit son carnet et se mit à écrire, capturant chaque détail de cette expérience unique.

De retour à Montpellier, le professeur Moreau écrivit un article sur la légende des dauphins de la Baie des Étoiles. Son histoire fut publiée dans un magazine de voyage renommé, attirant l'attention sur cet endroit mystique au large de la côte.

La légende se répandit rapidement, et la Baie des Étoiles devint un lieu de pèlerinage pour les amoureux de la mer et les curieux. Les pêcheurs commencèrent à organiser des excursions nocturnes pour permettre aux visiteurs d'admirer les dauphins dansant avec les étoiles.

Mais le professeur Moreau avait appris une leçon précieuse au cours de cette aventure. Il avait réalisé que les plus grandes découvertes ne se trouvaient pas toujours dans les manuscrits anciens ou les artefacts enfouis, mais parfois dans les récits et les légendes transmis de génération en génération.

Il continua à fréquenter son café préféré, "Le Coin des Histoires", où il écoutait les histoires de la vie quotidienne qui prenaient vie dans les mots de ses concitoyens. Il avait compris que chaque personne avait une histoire à raconter, que chaque coin de rue cachait un secret, et que chaque moment était une occasion de découvrir quelque chose de nouveau.

Le professeur Moreau avait appris que la vie était un voyage, et que parfois, les détours inattendus étaient ceux qui nous conduisaient vers les trésors les plus précieux.

# The Twists of Life in Montpellier

Montpellier was a city where time seemed to slow down, a place where cobbled streets invited leisurely strolls, and every corner revealed a new story. It was home to Professor Henri Moreau, a man with a kind face, a white beard, and eyes that sparkled with intelligence and curiosity. Professor Moreau was a respected scholar in the academic world, but he was also a passionate enthusiast of detours.

The professor had a well-established ritual in his life. Every morning, he left his house in the city center and headed to his favorite small café, "Le Coin des Histoires" (The Stories Corner). It was a place where Montpellier's residents came to share anecdotes from their daily lives, where stories were exchanged as readily as a cup of coffee. And it was precisely these stories that drew the professor.

On that morning, as he sipped his strong coffee, Professor Moreau listened to a fascinating story told by an old fisherman named Marcel. Marcel had spent his life fishing along the Mediterranean coast and had a collection of sea stories that would make any writer searching for inspiration envious.

"You know, professor," Marcel began in a hoarse voice, "there's a place off the coast of Montpellier where dolphins dance with the stars. It's a legend among fishermen, a story that has been passed down from generation to generation."

Professor Moreau carefully placed his cup down and leaned forward, captivated by Marcel's tale. "Tell me more, Marcel. How is it that dolphins dance with the stars?"

Marcel smiled, revealing a row of teeth weathered by the sea's salt. "Well, professor, it's said to happen only on full moon nights when the sea is as calm as a mirror. The dolphins swim to the surface and appear to play with the stars, as if they were dancing in the nighttime sky."

Professor Moreau was intrigued by this story. He rose from his seat and paid for his coffee. "Thank you for this wonderful story, Marcel. I will investigate this legend of dolphins dancing with the stars."

Marcel nodded with a smile. "Be careful at sea, professor, and don't forget to dance with the stars."

Professor Moreau left the café with a new mission in mind. He was accustomed to traveling the world in search of ancient manuscripts and archaeological discoveries, but this time, he embarked on a different quest, a quest for poetry and mystery.

He spent weeks collecting stories from fishermen and studying ancient nautical charts. He discovered that the place where dolphins danced with the stars was known as the "Bay of Stars," and its location was surrounded by maritime legends.

One morning, as the sun rose over the Mediterranean Sea, Professor Moreau boarded an old fishing boat with Marcel as his guide. They sailed towards the Bay of Stars, a remote location off the coast where the sea was deep blue and calm. The stars still twinkled faintly in the morning sky.

The bay lived up to its reputation. As the full moon rose, dolphins began to emerge from the water, their skin glistening under the silver light. They leaped and twirled, appearing to play with the stars reflected in the sea.

Professor Moreau was captivated by the spectacle. It was a magical dance between the creatures of the sea and the celestial lights. He pulled out his notebook and began to write, capturing every detail of this unique experience.

Back in Montpellier, Professor Moreau wrote an article about the legend of the dolphins of the Bay of Stars. His story was published in a renowned travel magazine, drawing attention to this mystical place off the coast.

The legend quickly spread, and the Bay of Stars became a pilgrimage site for sea lovers and the curious. Fishermen began organizing nighttime excursions to allow visitors to admire the dolphins dancing with the stars.

But Professor Moreau had learned a valuable lesson during this adventure. He had realized that the greatest discoveries were not always found in ancient manuscripts or buried artifacts, but sometimes in the stories and legends passed down through generations.

He continued to frequent his favorite café, "Le Coin des Histoires," where he listened to stories from everyday life that came to life in the words of his fellow townspeople. He had understood that every person had a story to tell, that every street corner held a secret, and that every moment was an opportunity to discover something new.

Professor Moreau had learned that life was a journey, and that sometimes, the unexpected detours were the ones that led us to the most precious treasures.

# Les Énigmes du Salon de Thé de Montmartre

Montmartre, le quartier pittoresque de Paris, était réputé pour ses rues pavées, ses artistes bohèmes et son ambiance envoûtante. Au cœur de ce quartier se trouvait le Salon de Thé de Montmartre, un petit établissement niché entre des galeries d'art et des boutiques de souvenirs. Mais ce n'était pas un salon de thé ordinaire, c'était un endroit où se mêlaient la passion pour le thé et le mystère.

Mademoiselle Anne Boucher, une femme élégante d'un certain âge, en était la propriétaire et l'âme. Elle avait hérité du salon de thé de sa grand-mère, une femme qui avait toujours eu un faible pour les énigmes et les mystères. Anne avait grandi entourée de ces énigmes, et elle avait décidé de perpétuer la tradition en transformant le salon de thé en un lieu où les clients pouvaient résoudre des énigmes tout en savourant leur tasse de thé.

Le salon de thé était décoré de manière exquise, avec des étagères remplies de boîtes de thé aux noms intrigants et des tapisseries murales qui semblaient raconter des histoires oubliées. Chaque table était équipée d'un carnet de notes et d'un crayon, pour que les clients puissent noter leurs réflexions au fur et à mesure qu'ils résolvaient les énigmes.

Le plus grand mystère du Salon De Thé de Montmartre était connu sous le nom de "L'Énigme du Cœur Perdu". Il s'agissait d'un puzzle complexe que personne n'avait jamais réussi à résoudre. Le cœur du salon était une grande horloge en bois, ornée d'une série de chiffres romains. L'énigme consistait à deviner à quelle heure l'horloge s'arrêterait de battre. Les clients pouvaient proposer leur supposition et, s'ils avaient raison, ils gagnaient le "Thé du Cœur", une boisson spéciale préparée par Anne elle-même.

Les habitués du salon de thé venaient de partout pour tenter leur chance à l'Énigme du Cœur Perdu. Certains étaient venus pendant des années, cherchant désespérément à résoudre le mystère de l'horloge.

Un après-midi ensoleillé, un homme du nom de Monsieur Pierre Lefebvre entra dans le salon de thé. Il était un écrivain en quête d'inspiration, mais il avait également un penchant pour les énigmes et les défis intellectuels. Il avait entendu parler de l'Énigme du Cœur Perdu et avait décidé de tenter sa chance.

Anne l'accueillit chaleureusement et lui montra la grande horloge en bois. "Bienvenue, Monsieur Lefebvre. Êtes-vous prêt à relever le défi de l'Énigme du Cœur Perdu ?"

Monsieur Lefebvre sourit. "Absolument, Mademoiselle Boucher. C'est un honneur de participer à cette énigme légendaire."

Il prit un moment pour étudier l'horloge et les chiffres romains. Les aiguilles tournaient lentement, et il pouvait entendre le tic-tac régulier de la pendule. Après un moment de réflexion, il annonça son estimation : "Je crois que l'horloge s'arrêtera à 16 heures et 30 minutes."

Anne nota soigneusement sa supposition dans un registre et lui servit une tasse de thé parfumé. "Nous saurons bientôt si vous avez résolu le mystère, Monsieur Lefebvre."

Les heures passèrent lentement, et les clients du salon de thé s'interrogèrent sur le sort de Monsieur Lefebvre. Certains pariaient que son estimation était correcte, tandis que d'autres pensaient qu'il échouerait comme tant d'autres avant lui.

Finalement, à 16 heures et 30 minutes précises, l'horloge s'arrêta de battre. Les clients se tournèrent vers Monsieur Lefebvre avec anticipation. Anne se dirigea vers l'horloge et vérifia le moment de l'arrêt. Puis elle sourit.

"Monsieur Lefebvre, vous avez réussi ! L'horloge s'est arrêtée à l'heure que vous avez estimée. Vous avez résolu l'Énigme du Cœur Perdu."

Les clients applaudirent, et Monsieur Lefebvre sourit humblement. Il avait gagné le "Thé du Cœur" tant convoité, une boisson aux saveurs exquises préparée spécialement pour cette occasion.

Après avoir savouré son thé, Monsieur Lefebvre se leva pour partir. Il remercia Anne pour l'expérience mémorable et lui dit : "Mademoiselle Boucher, ce fut un plaisir de résoudre cette énigme. Je n'oublierai jamais le Salon de Thé de Montmartre."

Il sortit du salon de thé avec le sentiment d'avoir trouvé l'inspiration qu'il recherchait, ainsi qu'un nouveau souvenir précieux.

Les années passèrent, et le Salon de Thé de Montmartre continua à prospérer. Les énigmes intrigantes attiraient toujours de nouveaux clients, mais personne ne réussit jamais à résoudre une deuxième fois l'Énigme du Cœur Perdu.

Anne Boucher était heureuse de perpétuer la tradition de sa grand-mère et de créer un lieu où les esprits curieux pouvaient se réunir pour résoudre des énigmes et partager des moments de convivialité. Elle savait que, tout comme l'horloge en bois du salon, la vie était remplie de mystères qui attendaient d'être découverts.

Et ainsi, le Salon de Thé de Montmartre continua de servir le thé de la sagesse et de l'énigme, un lieu où les rêves prenaient vie et où les mystères trouvaient leur résolution.

# The Enigmas of the Montmartre Tea Salon

Montmartre, the picturesque district of Paris, was renowned for its cobblestone streets, bohemian artists, and enchanting atmosphere. At the heart of this district lay the Montmartre Tea Salon, a small establishment nestled between art galleries and souvenir shops. But this was no ordinary tea salon; it was a place where a passion for tea intertwined with mystery.

Mademoiselle Anne Boucher, an elegant woman of a certain age, was its owner and soul. She had inherited the tea salon from her grandmother, a woman who had always had a fondness for puzzles and mysteries. Anne had grown up surrounded by these enigmas, and she had decided to carry on the tradition by transforming the tea salon into a place where patrons could solve riddles while savoring their cup of tea.

The tea salon was exquisitely decorated, with shelves filled with tea boxes bearing intriguing names and wall tapestries that seemed to tell forgotten tales. Each table was equipped with a notebook and a pencil, so patrons could jot down their thoughts as they solved the puzzles.

The greatest mystery of the Montmartre Tea Salon was known as the "Lost Heart Enigma." It was a complex puzzle that no one had ever succeeded in solving. The heart of the salon was a large wooden clock adorned with a series of Roman numerals. The enigma involved guessing at what time the clock would stop ticking. Patrons could submit their guess, and if they were correct, they won the "Heart Tea," a special drink prepared by Anne herself.

Regulars of the tea salon came from all over to try their luck with the Lost Heart Enigma. Some had been coming for years, desperately seeking to unravel the clock's mystery.

One sunny afternoon, a man by the name of Monsieur Pierre Lefebvre walked into the tea salon. He was a writer in search of inspiration, but he also had a penchant for puzzles and intellectual challenges. He had heard about the Lost Heart Enigma and decided to take a chance.

Anne welcomed him warmly and showed him the large wooden clock. "Welcome, Monsieur Lefebvre. Are you ready to take on the challenge of the Lost Heart Enigma?"

Monsieur Lefebvre smiled. "Absolutely, Mademoiselle Boucher. It's an honor to participate in this legendary enigma."

He took a moment to study the clock and the Roman numerals. The clock's hands moved slowly, and he could hear the steady tick-tock of the pendulum. After some contemplation, he announced his estimation, "I believe the clock will stop at 4:30."

Anne carefully noted his guess in a ledger and served him a cup of fragrant tea. "We will soon find out if you have unraveled the mystery, Monsieur Lefebvre."

Hours passed slowly, and the tea salon's patrons wondered about Monsieur Lefebvre's fate. Some bet that his estimation was correct, while others believed he would fail like so many before him.

Finally, at exactly 4:30, the clock ceased ticking. Patrons turned their attention to Monsieur Lefebvre with anticipation. Anne approached the clock and verified the time of its stoppage. Then she smiled.

"Monsieur Lefebvre, you have succeeded! The clock stopped at the time you estimated. You have solved the Lost Heart Enigma."

Patrons applauded, and Monsieur Lefebvre smiled humbly. He had won the coveted "Heart Tea," an exquisite beverage prepared especially for this occasion.

After savoring his tea, Monsieur Lefebvre rose to depart. He thanked Anne for the memorable experience and said, "Mademoiselle Boucher, it was a pleasure to solve this enigma. I will never forget the Montmartre Tea Salon."

He left the tea salon with a sense of having found the inspiration he sought, as well as a precious new memory.

Years passed, and the Montmartre Tea Salon continued to thrive. Its intriguing enigmas still attracted new patrons, but no one ever succeeded in solving the Lost Heart Enigma a second time.

Anne Boucher was content to carry on her grandmother's tradition and create a place where curious minds could gather to solve puzzles and share moments of conviviality. She knew that, much like the wooden clock in the salon, life was filled with mysteries waiting to be discovered.

And so, the Montmartre Tea Salon continued to serve tea of wisdom and enigma, a place where dreams came to life and mysteries found their resolution.

46

# L'Odyssée

Dans un futur lointain, l'humanité avait conquis les étoiles. Les planètes du système solaire étaient devenues des colonies prospères, mais l'exploration interstellaire était encore un défi. C'est dans ce contexte que Gabriel Lambert, un astronaute émérite, fut choisi pour une mission révolutionnaire.

Un matin, Gabriel se réveilla dans sa résidence de Mars. La planète rouge avait été terraformée, mais elle restait un monde inhospitalier. Il avait été sélectionné pour une mission secrète : l'exploration d'un trou de ver nouvellement découvert qui promettait de mener vers des contrées inconnues de l'univers.

Gabriel se rendit à la base spatiale de Mars, où il rencontra l'équipage de l'astronef "Pégase". Le commandant de la mission, le capitaine Sofia Valdez, était une scientifique renommée. L'équipage comprenait également des experts en physique quantique, en astrophysique, et en biologie spatiale.

Le voyage à travers le trou de ver était risqué, mais Gabriel était prêt. Lorsque le "Pégase" traversa le trou de ver, l'équipage se retrouva dans un système solaire étrange, dominé par une étoile rouge gigantesque. Ils avaient atteint un univers parallèle, une réalité inconnue.

La première planète qu'ils explorèrent était une terre stérile et désolée. Mais ils découvrirent rapidement que cette réalité parallèle regorgeait de surprises. La deuxième planète qu'ils visitèrent était recouverte de créatures bioluminescentes, tandis que la troisième abritait une civilisation avancée.

Gabriel fut fasciné par cette diversité. Ils poursuivirent leur exploration, découvrant des mondes aux paysages extraordinaires, des espèces inhabituelles, et des phénomènes physiques défiant l'entendement.

Alors qu'ils poursuivaient leur odyssée interstellaire, l'équipage du "Pégase" réalisa qu'ils ne pouvaient pas revenir à leur propre réalité. Le trou de ver qui les avait transportés ici semblait ne fonctionner que dans une seule direction.

Le capitaine Valdez convoqua l'équipage pour discuter de leur dilemme. Ils devaient décider s'ils allaient rester dans cette réalité parallèle, explorer davantage, ou tenter de trouver un moyen de retourner chez eux.

Gabriel, qui avait toujours rêvé d'explorer l'inconnu, était divisé. Il était fasciné par les découvertes qu'ils avaient faites, mais il ressentait aussi un profond désir de revoir la Terre.

Finalement, l'équipage prit une décision difficile. Ils décidèrent de continuer leur exploration de cette réalité parallèle, conscients que cela signifiait peut-être qu'ils ne reverraient jamais leur monde d'origine.

Gabriel accepta ce choix avec une certaine mélancolie. Il savait qu'ils étaient en train de vivre une aventure extraordinaire, mais il ne pouvait s'empêcher de penser à la Terre qu'il avait laissée derrière lui.

Ainsi, l'odyssée de Gabriel Lambert se poursuivit à travers les étoiles de cette réalité parallèle, où chaque jour apportait de nouvelles découvertes et de nouveaux défis. Ils étaient les pionniers d'un univers inconnu, prêts à percer les mystères de ce monde énigmatique.

# The Odyssey

In a distant future, humanity had conquered the stars. Planets in the solar system had become prosperous colonies, but interstellar exploration was still a challenge. It was in this context that Gabriel Lambert, a distinguished astronaut, was chosen for a groundbreaking mission.

One morning, Gabriel woke up in his residence on Mars. The red planet had been terraformed, but it remained a harsh world. He had been selected for a secret mission: the exploration of a newly discovered wormhole promising to lead to uncharted realms of the universe.

Gabriel made his way to Mars' space base, where he met the crew of the spacecraft "Pegasus." The mission's commander, Captain Sofia Valdez, was a renowned scientist. The crew also included experts in quantum physics, astrophysics, and space biology.

The journey through the wormhole was risky, but Gabriel was prepared. As "Pegasus" passed through the wormhole, the crew found themselves in a strange solar system dominated by a massive red star. They had entered a parallel universe, an unknown reality.

The first planet they explored was a barren and desolate land. However, they quickly discovered that this parallel reality was teeming with surprises. The second planet they visited was covered in bioluminescent creatures, while the third harbored an advanced civilization.

Gabriel was captivated by this diversity. They continued their exploration, uncovering worlds with extraordinary landscapes, unusual species, and physical phenomena that defied comprehension.

As they pursued their interstellar odyssey, the "Pegasus" crew realized that they could not return to their own reality. The wormhole that had transported them here seemed to work in only one direction.

Captain Valdez called the crew together to discuss their dilemma. They had to decide whether to remain in this parallel reality, explore further, or attempt to find a way back home.

Gabriel, who had always dreamed of exploring the unknown, was torn. He was fascinated by the discoveries they had made but also felt a deep desire to see Earth again.

Ultimately, the crew made a difficult decision. They chose to continue their exploration of this parallel reality, aware that it might mean they would never return to their home world.

Gabriel accepted this choice with a certain melancholy. He knew they were experiencing an extraordinary adventure, but he couldn't help but think of the Earth he had left behind.

Thus, Gabriel Lambert's odyssey continued through the stars of this parallel reality, where each day brought new discoveries and challenges. They were pioneers in an unknown universe, ready to unlock the mysteries of this enigmatic world.

# L'Île du Mystère Perdu

Il était une fois, dans une petite ville côtière, un jeune aventurier nommé Hugo. Depuis son plus jeune âge, il rêvait de découvrir des terres inconnues et de vivre des aventures extraordinaires. Sa chance allait bientôt se présenter.

Un jour, un vieux navigateur du nom de Capitaine Leclerc arriva en ville avec une carte mystérieuse. La carte décrivait une île légendaire, appelée "L'Île du Mystère Perdu", réputée pour abriter d'incroyables trésors. Leclerc était trop vieux pour partir à l'aventure, mais il cherchait un jeune et intrépide compagnon pour l'accompagner.

Hugo, le cœur rempli d'excitation, accepta l'offre du Capitaine Leclerc. Ils préparèrent leur bateau, le "Brise-Aventure", et se mirent en route pour l'île mystérieuse.

Après des semaines en mer, ils atteignirent enfin "L'Île du Mystère Perdu". L'île était recouverte d'une végétation dense et exotique, avec des cascades cristallines et des grottes sombres. Leclerc consulta la carte, mais les indications semblaient énigmatiques.

Ils décidèrent de partir à l'exploration de l'île, espérant résoudre le mystère de la carte. Ils découvrirent d'anciennes ruines, des statues énigmatiques, et des indices qui semblaient les guider vers un endroit inconnu.

Leur périple les conduisit à travers une série d'épreuves dangereuses. Ils durent affronter des pièges sournois, des créatures exotiques, et des tempêtes féroces. À chaque défi, leur amitié se renforçait, et leur détermination grandissait.

Hugo se montra ingénieux dans la résolution d'énigmes, tandis que Leclerc utilisait son expérience pour naviguer en eaux inconnues. Ensemble, ils surmontèrent chaque obstacle avec courage.

Finalement, après de nombreuses péripéties, Hugo et Leclerc découvrirent une grotte cachée. À l'intérieur, ils trouvèrent un trésor extraordinaire : des joyaux rares, des artefacts anciens, et des richesses inimaginables.

Mais ce n'était pas la découverte matérielle qui combla leur cœur. C'était le voyage lui-même, l'amitié qui s'était forgée, et la réalisation que l'aventure était le véritable trésor.

Le retour à la petite ville côtière fut triomphant. Hugo et Leclerc partagèrent leur histoire avec les habitants émerveillés, et le trésor fut utilisé pour améliorer la vie de la communauté.

Hugo réalisa que l'aventure était sa vraie passion, et il savait qu'il y aurait encore de nombreuses terres à explorer. Quant au Capitaine Leclerc, il avait trouvé en Hugo un héritier digne de ses exploits passés.

Ainsi, l'histoire de "L'Île du Mystère Perdu" devint légendaire, rappelant à tous que l'aventure et l'amitié étaient les véritables trésors de la vie. Et pour Hugo, de nouvelles aventures attendaient à l'horizon, car il était prêt à relever tous les défis que le monde avait à offrir.

# The Island of the Lost Mystery

Once upon a time, in a small coastal town, there was a young adventurer named Hugo. From a very young age, he had dreamt of discovering unknown lands and experiencing extraordinary adventures. His chance was about to come.

One day, an old navigator named Captain Leclerc arrived in town with a mysterious map. The map described a legendary island called the "Island of the Lost Mystery," reputed to hold incredible treasures. Leclerc was too old to embark on the adventure himself but was seeking a young and fearless companion to join him.

With excitement in his heart, Hugo accepted Captain Leclerc's offer. They prepared their boat, the "Adventure Breeze," and set sail for the mysterious island.

After weeks at sea, they finally reached the "Island of the Lost Mystery." The island was covered in dense and exotic vegetation, with crystalline waterfalls and dark caves. Leclerc consulted the map, but the directions seemed cryptic.

They decided to explore the island, hoping to unravel the mystery of the map. They discovered ancient ruins, enigmatic statues, and clues that seemed to lead them to an unknown location.

Their journey led them through a series of perilous trials. They had to confront cunning traps, exotic creatures, and fierce storms. With each challenge, their friendship grew stronger, and their determination grew.

Hugo proved ingenious in solving puzzles, while Leclerc used his experience to navigate uncharted waters. Together, they overcame each obstacle with courage.

Eventually, after many adventures, Hugo and Leclerc found a hidden cave. Inside, they discovered an extraordinary treasure: rare jewels, ancient artifacts, and unimaginable wealth.

But it wasn't the material discovery that filled their hearts. It was the journey itself, the friendship that had been forged, and the realization that adventure was the true treasure.

The return to the small coastal town was triumphant. Hugo and Leclerc shared their story with the amazed townspeople, and the treasure was used to improve the community's life.

Hugo realized that adventure was his true passion, and he knew there were still many lands to explore. As for Captain Leclerc, he had found in Hugo a worthy heir to his past exploits.

Thus, the tale of the "Island of the Lost Mystery" became legendary, reminding everyone that adventure and friendship were life's true treasures. And for Hugo, new adventures awaited on the horizon, as he was ready to face all the challenges the world had to offer.

# La Course aux Escargots

Dans le petit village de Saint-Pierre-aux-Champignons, il y avait une tradition bien particulière qui avait lieu chaque année au mois de juillet : la course aux escargots. C'était l'événement le plus attendu de l'été, et tout le monde du village y participait avec enthousiasme.

L'idée de la course était simple : chaque participant devait choisir un escargot parmi ceux qui vivaient dans les jardins du village, le décorer avec des couleurs vives et lui donner un nom. Les escargots devaient ensuite parcourir un circuit à travers le parc du village, et le premier escargot à atteindre la ligne d'arrivée était couronné champion.

Cette année, deux concurrents se démarquaient : Émilie, une petite fille de sept ans, et Marcel, un homme âgé de soixante-dix ans qui était le champion en titre depuis cinq ans. Tous deux avaient choisi des escargots spéciaux pour la course.

Émilie avait baptisé son escargot "Flash" en raison de sa vitesse apparente lorsqu'il se déplaçait dans son bocal. Elle avait peint une coquille multicolore pour lui donner un look funky et avait l'impression que son escargot était imbattable.

Marcel, quant à lui, avait nommé son escargot "Victor" en l'honneur de son grand-père, un escargotier légendaire du village. Victor portait une coquille sobre et élégante, et Marcel était convaincu que son expérience serait un atout majeur dans la course.

Le jour de la course arriva enfin, et le village était en effervescence. Les spectateurs s'étaient rassemblés dans le parc, prêts à encourager leurs escargots préférés. Chacun des concurrents était confiant en sa victoire.

Le coup de départ retentit, et les escargots s'élancèrent avec autant de rapidité que leur nature leur permettait. Flash, l'escargot d'Émilie, semblait mener la course au début, suivi de près par Victor, l'escargot de Marcel.

Les spectateurs criaient et encourageaient les escargots, créant une atmosphère de compétition intense malgré la lenteur apparente des concurrents. Flash et Victor progressaient à leur rythme, évitant habilement les obstacles du parc.

La course se poursuivit pendant des heures, et les participants étaient déterminés à remporter la victoire. Émilie et Marcel se lançaient des regards complices tout en encourageant leurs escargots.

Finalement, après une course acharnée, Flash et Victor arrivèrent à la ligne d'arrivée en même temps, créant un moment de suspense intense. Les spectateurs retenaient leur souffle alors que les deux escargots se rapprochaient du fil rouge.

Et c'est alors qu'un miracle se produisit. Au dernier moment, Flash et Victor s'arrêtèrent côte à côte, comme s'ils savaient que la victoire était partagée entre eux. Les spectateurs éclatèrent en applaudissements, et le maire du village remit un trophée spécial à Émilie et Marcel pour leur fair-play exemplaire.

La course aux escargots de Saint-Pierre-aux-Champignons devint célèbre dans tout le pays, non seulement pour son aspect compétitif, mais aussi pour la belle leçon de camaraderie et de respect mutuel qu'elle avait offerte ce jour-là.

Chaque année, Émilie et Marcel continuaient de participer à la course, avec Flash et Victor à leurs côtés, rappelant à tous que parfois, la vraie victoire réside dans le partage et l'amitié. Et ainsi, la tradition de la course aux escargots perdura, apportant joie et unité au village de Saint-Pierre-aux-Champignons.

# The Snail Race

In the small village of Saint-Pierre-aux-Champignons, there was a unique tradition that took place every year in July: the snail race. It was the most anticipated event of the summer, and everyone in the village participated with enthusiasm.

The idea of the race was simple: each participant had to choose a snail from those that lived in the village gardens, decorate it with bright colors, and give it a name. The snails would then race along a circuit through the village park, and the first snail to cross the finish line was crowned the champion.

This year, two competitors stood out: Emilie, a seven-year-old girl, and Marcel, a seventy-year-old man who had been the reigning champion for five years. Both had chosen special snails for the race.

Emilie had named her snail "Flash" because of its apparent speed when it moved in its jar. She had painted a multicolored shell to give it a funky look and felt that her snail was unbeatable.

Marcel, on the other hand, had named his snail "Victor" in honor of his grandfather, a legendary snail farmer in the village. Victor wore a simple and elegant shell, and Marcel was convinced that his experience would be a major advantage in the race.

The day of the race finally arrived, and the village was buzzing with excitement. Spectators had gathered in the park, ready to cheer for their favorite snails. Each of the competitors was confident of victory.

The starting shot rang out, and the snails set off as fast as their nature allowed. Flash, Emilie's snail, seemed to be leading the race at first, closely followed by Victor, Marcel's snail.

Spectators shouted and cheered for the snails, creating an atmosphere of intense competition despite the apparent slowness of the competitors. Flash and Victor made progress at their own pace, skillfully avoiding obstacles in the park.

The race continued for hours, and the participants were determined to win. Emilie and Marcel exchanged knowing glances while encouraging their snails.

Finally, after a hard-fought race, Flash and Victor crossed the finish line at the same time, creating a moment of intense suspense. Spectators held their breath as the two snails approached the red ribbon.

And then, a miracle happened. At the last moment, Flash and Victor stopped side by side, as if they knew that victory was shared between them. Spectators erupted in applause, and the village mayor presented Emilie and Marcel with a special trophy for their exemplary sportsmanship.

The snail race in Saint-Pierre-aux-Champignons became famous throughout the country, not only for its competitive aspect but also for the beautiful lesson of camaraderie and mutual respect it offered that day.

Every year, Emilie and Marcel continued to participate in the race, with Flash and Victor by their side, reminding everyone that sometimes, true victory lies in sharing and friendship. And so, the tradition of the snail race lived on, bringing joy and unity to the village of Saint-Pierre-aux-Champignons.